COMMENT GÉRER LE HARCÈLEMENT

Sais-tu qu'environ un enfant sur quatre est confronté à une forme ou une autre de harcèlement à l'école ?

Ça fait beaucoup d'enfants !

Tu dois donc apprendre à repérer le harcèlement et à faire face aux différentes situations.

Ce guide pratique contre le harcèlement est là pour t'aider ! **C'est parti !**

Tu vois quelqu'un frapper ton ami au bras à plusieurs reprises. Ton ami lui demande d'arrêter, mais il refuse. **Que devrais-tu faire ?**

Si tu es témoin de harcèlement physique, tu dois aller chercher l'enseignant ou le parent le plus proche pour lui demander de l'aide.

Ne recours jamais à la violence physique simplement parce que quelqu'un d'autre le fait. Les brutes doivent apprendre que la violence n'est pas la solution.

Tu remarques un groupe de personnes se comporter méchamment avec quelqu'un à l'école. Ils le montrent du doigt, rient et l'insultent. Cela se produit tous les jours pendant une semaine. **Que devrais-tu faire ?**

Prends ton courage à deux mains et défends les personnes que tu vois être victimes de brimades. Ils doivent savoir que gens sont leur côté pour les soutenir. Il faut ensuite signaler les actes d'intimidation à un enseignant ou à un adulte responsable pour qu'ils cessent une fois pour toutes.

Tu entends une rumeur qui circule à l'école à propos d'un de tes camarades de classe. Tout le monde rit derrière son dos et il n'est même pas au courant. **Que fais-tu ?**

Parle de la rumeur à ton camarade pour qu'il sache ce qui se passe. Quand tu entends la rumeur se répandre dans l'école, dis aux gens qu'il n'est pas agréable de répandre des rumeurs. Ne répands jamais la rumeur toi-même. Tu dois proposer à ton camarade d'aller voir le directeur avec lui pour lui expliquer ce qui se passe.

Tu remarques que des enfants de l'école ne sont pas invités à participer aux jeux dans la cour de récréation parce qu'ils ont l'air différents des autres. **Que devrais-tu faire ?**

Tu ne dois jamais traiter les gens différemment en raison de la couleur de leur peau, de leur apparence, de leur voix ou de leur origine. Tu dois expliquer ça à tes amis et leur proposer d'inclure tout le monde dans le jeu. S'ils refusent, tu devrais partir et jouer à un autre jeu avec les enfants qui ont été laissés de côté. Racontez ensuite ce qui se passe à un enseignant.

L'un des enfants les plus âgés de l'école te plaque contre le mur et te prend l'argent de ton déjeuner tous les jours, ce qui fait que ton ventre gargouille toujours. **Que devrais-tu faire ?**

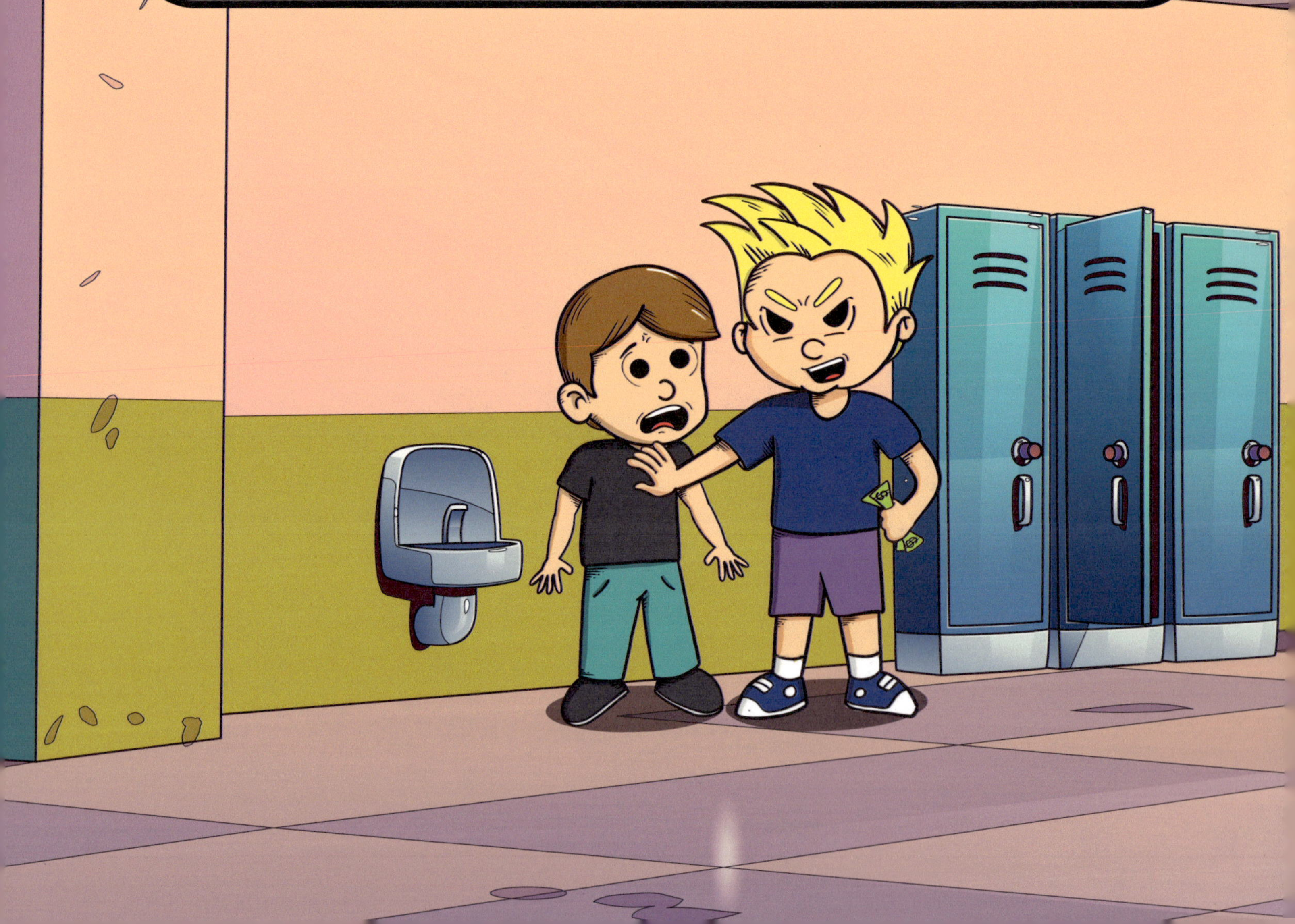

Même si ça te fait peur, la meilleure chose à faire est de raconter ce qui se passe à tes parents, à ta famille ou à ton professeur. Le seul moyen d'arrêter le harcèlement est d'en parler. Les adultes pourront aller parler à l'auteur des brimades et faire en sorte qu'il te laisse tranquille.

Tes amis et toi vous amusez et plaisantez. Tu blagues sur la trousse à crayons de ton ami et il se fâche. Tes amis te disent qu'il t'arrive de faire des blagues trop méchantes, ce qui les contrarie. **Qu'est-ce que tu fais ?**

Parfois, il est possible de harceler quelqu'un sans s'en rendre compte. Il se peut que tu n'aies pas l'impression de brimer quelqu'un, mais que quelqu'un d'autre ait l'impression de le subir. Si ton ami te dit que tu es un harceleur, ne sois pas fâché et ne te mets pas sur la défensive. Dis-lui que tu es désolé et tâche d'arrêter de faire ce qui l'énerve.

Tu aimes porter des vêtements flashy et colorés à l'école, mais les autres enfants se moquent de toi quand tu le fais.
Que devrais-tu faire ?

N'écoute pas ce que disent les autres. Au contraire, si tu aimes porter quelque chose et que ça te fait du bien, continue à le porter. Si les moqueries se poursuivent, signale-les à un enseignant. Tu ne dois jamais être gêné de montrer ta personnalité.
203

Tu reçois régulièrement des messages te disant que tu es un raté, mais tu ne sais pas de qui ils viennent. Que devrais-tu faire ?

Demande à cette personne d'arrêter, puis bloque le numéro. Si tu continues à recevoir des textos ou des messages en ligne, tu dois en parler à tes parents, à des membres de ta famille ou à un enseignant. Le harcèlement en ligne est tout aussi grave que le harcèlement en personne.

Comment savoir si quelqu'un est un harceleur :

- Il/elle fait usage de la violence physique
- Il/elle se moque des gens
- Il/elle lance des rumeurs méchantes
- Il/elle laisse volontairement des gens de côté
- Il/elle fait exprès de rendre les autres tristes
- Il/elle incite d'autres personnes à participer à leurs brimades.
- Il/elle te font sentir petit et impuissant.

Que faire en cas de harcèlement :

- Dis à la victime que tu es là pour l'aider.
- Prends-la dans tes bras si elle paraît contrariée.
- Propose-lui de l'accompagner pour aller le dire à un enseignant
- Parles-en à un enseignant ou à un adulte en son nom si elle a trop peur.
- Ne participe jamais au harcèlement
- Dis à l'auteur des intimidations que ce qu'il fait n'est pas bien.

Tu ne dois jamais avoir peur de dénoncer un harceleur. Tenir tête à une brute peut sembler effrayant, mais c'est le seul moyen de faire cesser les violences.

Si tu es victime de harcèlement ou si tu vois quelqu'un se faire harceler, il faut le signaler à un enseignant ou à un adulte responsable dès que possible. Le harcèlement n'est pas une bonne chose et tu ne devrais pas avoir à le subir.

Je tiens à vous demander une petite faveur pour que ce livre puisse toucher un plus grand nombre de personnes : attribuez-lui un avis sincère sur la plateforme où vous l'avez acheté.

Avec ce petit geste, vous m'aiderez à réaliser de nouveaux projets.

J'ai hâte de commencer à créer mon prochain livre pour vous !

Vous pouvez laisser votre avis directement ici. Cela ne vous prendra que quelques secondes.

www.amzn.to/47UANO2

SCAN ME

Merci d'avance de prendre le temps de partager votre expérience. J'apprécie votre aide!

À bientôt !

SCAN ME

www.amazon.fr/dp/8412699882

SCAN ME

www.amazon.fr/dp/8412699890

Samuel John
BOOKS

www.pge.me/pourenfants

contacto@samueljohnbooks.com

FOLLOW ME

www.amazon.com/author/samueljohnbooks

Made in the USA
Monee, IL
14 November 2026

68487104R00017